Das kleine Trauerbuch

AF191115

Für meine Großeltern Franz Kiencke und Frau Klara, geb. Meizel, die in den Hamburger Bombennächten 27./28. Juli 1943 mit ihrer Tochter Annemarie im Feuersturm verbrannten.

Ingrid Westphal-Lamp'l

Das kleine Trauerbuch

Fotos: Enno Quittel

Fotos: Enno Quittel

© 2004 Ingrid Westphal-Lamp'l
Herstellung und Verlag: Books on Demand GmbH, Norderstedt
ISBN 3-8334-0949-5

Inhalt

Vorwort   7

Tod der Mutter   9

Tod des Vaters   15

Tod der Ehefrau   21

Tod des Ehemannes   27

Eltern verlieren ein Kind   33

Tod durch Unfall   41

Todesfälle im Freundes- und Bekanntenkreis   47

Letzte Worte   61

Nachwort   71

Vorwort

Stress, Alltagshetze, Terminnöte - alles wird abrupt zurückgedrängt, wenn wir dem Tod in seiner Endgültigkeit begegnen. Wenn wir Abschied für immer nehmen müssen, wo wir glaubten, noch so viel Zeit zu haben.

Aus - vorbei - für immer - Worte, die uns durchrütteln, das ganze Leben verändern, uns unserer eigenen Endlichkeit bewusst werden lassen.

Nie wieder - nie wieder ein Händedruck, ein gutes Wort, ein Lächeln, eine Umarmung.

Und doch sind wir gerade in diesen bitteren Stunden gefordert, über den Schmerz hinweg Anordnungen treffen zu müssen, um die geliebten Menschen mit Würde auf den letzten Weg zu geleiten. Der passende Sarg, die letzte Ruhestätte, Inhalt und Ausgestaltung von Traueranzeigen, die Trauerfeier - Entscheidungen, die den von Schmerz schier betäubten Hinterbliebenen unendlich schwer fallen.

Aber auch, wer als Freund oder Nachbar tief betroffen ist von einem traurigen Ereignis, ringt oft nach Worten, um seinem Mitgefühl Ausdruck zu verleihen.

Retten Sie sich nicht in Floskeln, wenn Sie Ihr Beileid ausdrücken wollen. Geben Sie Ihre Zurückhaltung auf, suchen Sie nach Worten, die Ihnen selbst in schmerzvollen Stunden Trost wären. Und scheuen Sie sich nicht, Ihre Gedanken auszusprechen - sie finden gewiss den Weg von Herz zu Herz.

Dieses kleine Buch will Helfer sein in schweren Stunden, in denen wir hilf- und wortlos neben unseren Freunden, unseren Nächsten stehen.

Unsere Vorschläge für letzte, tröstende Worte und Beileidsbriefe wollen helfen, eine Brücke zu bauen für das Leben danach.

Tod der Mutter

Mit ihrem Tod nahm sie mir das erste Wort der
Sprache, das Wort, auf dem meine Sicherheit im
Leben beruhte: „Mutter".

Tod der Mutter

Meine liebe....
wenn die Mutter stirbt, welchen Trost könnte es da geben? Verlässt uns mit ihr doch der Mensch, der uneigennützig immer für uns da war, uns mit Rat und Tat zur Seite stand. Meine Mutter war fast 80 Jahre alt und hat uns in den letzten Jahren sehr gebraucht. Und dennoch war sie unser Halt und dennoch fehlt sie mir noch heute, nach so vielen Jahren. Immer noch und immer wieder schmerzt es, dass ich nicht zu ihr gehen und mein Herz ausschütten kann. Noch einmal Kind sein und mich geborgen fühlen dürfen.

Wenn die Mutter stirbt, gibt es keinen Trost. Wie sehr kann ich daher Deinen Kummer mitempfinden, dieses Wissen um einen unersetzlichen Verlust. Diese Erkenntnis des „Nie mehr". Nimm mein aufrichtiges Mitgefühl entgegen, ich verstehe Deine Traurigkeit.

Tod der Mutter

Mein lieber.....
nun musst Du den Schmerz durchleiden, den nur verstehen kann, wer diesen Kummer selbst kennen lernte. Meine Mutter ist vor vielen Jahren von mir gegangen - und fehlt mir noch immer. Immer wieder dieser Wunsch, Freud und Leid zu ihr tragen zu können, noch einmal ihre gute Wärme spüren, noch einmal wieder Kind sein dürfen.

In dem Buch „Salz auf Deiner Haut" gibt es eine Passage, die mich tief berührt hat:" Ich entdeckte mit Entsetzen, dass ich zeit meines Lebens nie wieder diesen einfachen Satz: "Hallo, Mutti", würde aussprechen können. Mit ihrem Tod nahm sie mir das erste Wort der Sprache, das Wort, auf dem meine Sicherheit im Leben beruhte."

Der Schmerz, am Totenbett der Mutter zu stehen, verlässt uns nie ganz, aber der Alltag verdrängt die traurigen Gedanken, lässt sie nur in einsamen Stunden wiederkehren. Dann ist es gut, zu wissen, dass man Freunde hat.

Einer davon bin ich.

Tod der Mutter

Meine liebe....
wie hilflos fühlt man sich, wenn man Trost spenden möchte und die richtigen Worte nicht findet. Weil man nur zu gut weiss, dass da ein Schmerz ist, der uns nie wieder verlässt. Die Mutter verlieren! Sie wird uns immer fehlen. Immer und immer wieder ist da dieses Sehnen: einmal noch ihre beruhigende Stimme hören. Vorbei. Vorbei auch die Zeit, da die Erwachsene sich noch einmal als Kind fühlen durfte, vorbei die Möglichkeit, noch ein gutes Wort sagen zu können.

Du bist geborgen im Kreis von Menschen, die Dich lieb haben. Das wusste auch Deine Mutter und es wird ihr sehr wichtig gewesen sein, sie ruhig gemacht haben. Mit dem Wissen: "Mein Kind ist in guten Händen", hat sie sich auf die grosse Reise begeben. Eine Reise von der ich glaube, es gibt ein Ziel. Michelangelo hat es so gesagt:" Ich bin nicht tot, ich tauschte nur die Räume. Ich leb in Euch und geh durch Eure Träume". Mich hat dieser Gedanke getröstet, vielleicht ergeht es Dir ebenso.

Ich bin mit vielen guten Gedanken bei Dir.

Tod der Mutter

Lieber Herr....
die Menschen, die wir stützen, geben uns Halt. Die Wahrheit dieser Worte verstand ich, als meine geliebte Patentante vor einigen Monaten die Reise in das Land antrat, von dem wir nicht wissen, wo es liegt. Ich hatte sie, die ihre Rüstigkeit mehr und mehr einbüsste, in den letzten Jahren umsorgt und blieb doch ohne sie um so vieles schwächer und einsamer zurück.

Ihnen muss in sehr viel stärkerem Masse traurig ums Herz sein. Sie verloren Ihre liebe Mutter. Mit dem Tod der Eltern verliert unser Fundament an Festigkeit. Plötzlich sind wir die „ältere Generation", da ist niemand mehr, der zwischen uns und dem Nirgendwo steht.

Ich fühle mit Ihnen und Ihrer lieben Familie. Die Zeit wird das Ihre tun, das eines Tages nur noch zärtliches Erinnern an den Menschen bleibt, der unsere ersten stammelnden Laute liebevoll hörte und trotz seines hohen Alters viel zu früh von uns gegangen ist.

Tod des Vaters

Es ist nicht vernünftig zu meinen, es gäbe keine
vergangenen und zukünftigen Leben, nur weil
man sie nicht gesehen hat.
Dalai Lama

Tod des Vaters

Meine liebe Freundin (lieber Freund)
voller Mitgefühl hörte ich von dem herben Verlust, den Du
so kurz nach dem Tod Deiner lieben Mutter erlittest: nun
hat Dich auch Dein Vater verlassen. Er ist seiner geliebten
Frau nach nur wenigen Wochen dorthin gefolgt, wo er sie
wiederzufinden hoffte. Wie verlassen musst Du Dich fühlen.
Vor wenigen Monaten noch glückliche Eltern in ihrem be-
haglichen Daheim. Voller Freude über das erste Enkelkind.
Und nun - jäh zerrissen diese festgefügte Familie.

Wir müssen uns mit dem Gedanken vertraut machen, dass
wir jetzt die „oberste Instanz" im Familiengefüge sind. Keine
Mutter mehr, die Geborgenheit bietet, kein Vater, der kluger
Ratgeber und Schutz vor allen Widrigkeiten war. Im ewigen
Zeitenlauf sind wir ja ohnehin nur ein Sandkorn, aber für
unsere Kinder und Kindeskinder vielleicht noch ein Weilchen
schützende Wegbegleiter.

Wenn Dich das Gefühl des Verlassenseins übermannt,
wenn Du weinen, sprechen oder schweigen willst mit einem
der Dir zuhört - ich bin immer für Dich da.

Tod des Vaters

Sehr geehrte/r Frau/Herr.....
die Nachricht vom Tod Ihres Vaters hat mich erschüttert.
Mit 60 Jahren ein „junger" Vater und ein sehr starker Vater.
Der Mann, an dessen Hand Ihre ersten tapsigen Schritte an
Sicherheit gewannen, von dem Sie wie jeder kleine Erden-
mensch glaubten, er könne einfach alles. Der bei Mathe half,
aber auch für manch väterliches Donnerwetter gut war.

Und sicher haben auch Sie ihn als Heranwachsende/r man-
ches Mal heimlich „zum Teufel" gewünscht und wussten
dennoch immer, er war bei jeder sich auftürmenden Schwie-
rigkeit der Fels in der Brandung.

Wenn ein solcher Fels wegbricht, ist den Kindern, seien sie
auch noch so erwachsen, als blieben sie um vieles schutzloser
zurück und die Worte: "Nie mehr" erhalten schmerzhafte
Bedeutung.

Bitte nehmen Sie mein aufrichtiges Mitgefühl entgegen.

Tod des Vaters

Sehr geehrter Herr....
bei vielen Anlässen habe ich Sie selbstsicher agieren gesehen: eine Konferenz leiten, eine Verhandlung mit Geschick führen, eine humorvolle Ansprache halten. Und jetzt sah ich Sie am Grab Ihres Herrn Vaters stehen der, wie es in der Trauerrede hiess, nach langem Leiden sanft eingeschlafen war. Sie wirkten wie ins Mark getroffen.

Man spürte die Verlassenheit, die Sie erfüllte, nachdem der Mann von Ihnen gegangen war, der vom ersten Atemzug an Ihr liebevoller und lebenskluger Begleiter war. Hinfällig am Ende seiner langen Lebensreise aber ungebrochen der Geist und voller Güte für Sie.

Ich kenne diesen Kummer, habe ihn schmerzvoll durchlitten , mein Mitgefühl gilt Ihnen.

Tod der Ehefrau

Wenn Du bei Nacht den Himmel anschaust,
wird es sein, als lachten alle Sterne. Weil ich auf
einem von ihnen sitze, weil ich auf einem
von ihnen lache.
Antoine de Saint Exupéry

Tod der Ehefrau

Mein lieber Freund,
woher soll ich die Worte nehmen, die Dir Trost sein könnten.
Ich lag im Krankenhaus, nahm die Zeitung zur Hand und las
die niederschmetternde Nachricht: Maria ist tot! Ich sah ihr
liebes Gesicht vor mir, Erinnerungen stiegen auf an manch
gute, gemeinsame Stunde. An ihren mütterlichen Rat, wenn
man verzagt war, an ihr unvergessliches Lachen. Ich wollte
es nicht glauben. Nein, nicht Maria, diese strahlend schöne
Frau, der ich voller Zuneigung anhing.

Und dann dachte ich: was ist denn mein Kummer gegen
Deinen? Du und Maria, das gehörte zusammen, wie eine
Hand sich in die andere schmiegt. Um Euch rankte sich
ein dankbarer Freundeskreis. Ich weiss nichts Tröstliches zu
sagen. Doch wenn Du reden willst in den dunklen Stunden
der Einsamkeit, dann bin ich für Dich da, so wie Maria es
gewollt hätte.

Ich bin so traurig.

Tod der Ehefrau

Mein lieber....

Worte des Trostes sind schwer zu finden, wenn ein so fröhlicher, aktiver und lebensbejahender Mensch wie Ihre Gattin aus dem Leben gerissen wird. Man mag auch nicht nach Gerechtigkeit fragen oder danach, warum einem so fleissigen Menschenkind nicht der Lebensfeierabend an Ihrer Seite vergönnt war.

Vielleicht nur das: Treue und Liebe werden seltener, eine gute Ehe muss man suchen. Ihnen war beides vom Schicksal geschenkt. Sie hatten einen zuverlässigen Lebenspartner, der mit Ihnen durch alle Fährnisse des Lebens ging, den Aufbau des Geschäftes mittrug und durch seine mitreissende Fröhlichkeit Mittelpunkt eines grossen Freundeskreises wurde.

Wenn der erste herzzerreissende Kummer sich gelegt hat, nicht, weil Sie beginnen, Ihre Frau zu vergessen, sondern weil das Leben so ist und die Zeit jeden Schmerz lindert, hoffen wir, dass Ihnen gute Freunde auf Ihrem nun sehr einsamen Weg zur Seite stehen.

Viele Menschen sind mit Ihnen sehr traurig. Wir auch.

Ihre Familie....

Tod der Ehefrau

Lieber Herr...
tiefbetroffen hörte ich vom Tod Ihrer Gattin. Ich weiss, dass sie gemeinsam schwere Jahre der Krankheit durchgestanden haben. Man sagt, die Menschen, die wir stützen, geben uns Halt. Sie waren die Stütze und die Liebe zu Ihrer Frau wurde der Halt, der Ihnen die Kraft gab, die schmerzvollen Stunden durchzustehen.

Dass dieser Kampf verlorenging, bekümmert mich sehr. Ich kann nur hoffen, dass Ihre Gattin sanft eingeschlafen ist. Ihnen wünsche ich, dass Sie nach diesen schweren Jahren, wenn die Zeit den Kummer ein wenig linderte, zur Ruhe kommen und im Kreise der vielen Freunde, die Sie haben, wieder Freude und Zuversicht empfinden können.

Mit aufrichtiger Anteilnahme

Tod des Ehemannes

„Ein Schiff, das am Horizont verschwindet,
ist nicht gesunken.
Man kann es nur nicht mehr sehen“.

Tod des Ehemannes

Meine liebe... ,
wie traurig muss es sein, nach mehr als 50 Jahren Gemein-
samkeit morgens zu erwachen und den Platz neben sich leer
zu finden. Kein „Gute Nacht" mehr am Abend. Nie mehr.
In diesen fünf Jahrzehnten waren Glück und Freude, Kummer und Tränen, Hoffnung, Resignation und Lachen Eure
Begleiter und alles habt Ihr gemeinsam gemeistert.

Am meisten betrübt mich, dass die letzten Jahre Deines
Mannes durch sein schweres Leiden belastet waren. Das hat
auch Dir viel Kraft abverlangt. Umso mehr auch ein Aufatmen bei Euren Freunden, als wir hörten, dass ihn der Tod
ganz sanft zu sich holte.

Jetzt heisst es, Deinem Lebensschiff eine andere Richtung
zu geben, das Steuer selbst in die Hand zu nehmen und die
Jahre, die vor Dir liegen - es weiss ja glücklicherweise niemand, wie viele oder wie wenige es sind - mit Erlebenswertem
zu füllen. Deine grosse Familie wird für Dich da sein und
vielleicht wird auch eine andere Umgebung, andere Menschen, in den ersten schweren Wochen helfen, wieder zu Dir
selbst zu finden.

Ich hatte in Deinem Mann einen guten Freund, der immer
bereit war, mit Rat und Tat zu helfen und bin mit Dir sehr
traurig.

Dein(e)

Tod des Ehemannes

Meine liebe Frau....,
wie nahe liegen beieinander doch Freude und Leid. Ich komme aus dem Ausland zurück und habe beglückt mein erstes Enkelkind im Arm gehalten. Und nach meiner Rückkehr die traurige Nachricht vom Tode Ihres Gatten. Wie schwer muss es sein, den Platz leer zu finden, den so viele Jahre ein liebevoller Mensch neben Ihnen ging und Sie umsorgte.

Ich kannte diesen noblen Mann durch sein politisches Wirken und das freundschaftliche „Hallo", das Nachbarn sich geben, wenn sie sich freuen, sich zu sehen.

Ich hoffe, dass Ihnen aus dem Kreis Ihrer Lieben das Mitgefühl entgegengebracht wird, das Schmerz zwar nicht vergessen lässt, aber ihn ein wenig mildert, weil er geteilt wird.

Mein aufrichtiges Beileid gilt Ihnen.

Tod des Ehemannes

Liebe Frau…

mit tiefer Betroffenheit hörte ich vom Tode Ihres Gatten. Betroffen und sehr, sehr traurig. Bedeutet es doch, dass ein warmherziger Mann, der Jahre meines Lebens entscheidend mitgeprägt hat, nicht mehr ist. Nicht mehr lacht, nicht mehr atmet. Dabei bin ich mir durchaus darüber im Klaren, dass dieser Tod angesichts der schweren Erkrankung Ihres Gatten auch Erlösung bedeutete.

Das Schicksal meinte es gut mit mir, als ich die Mitarbeiterin Ihre Gatten wurde. Sein kreatives Denken riss alle mit. Die warme Menschlichkeit, mit der er Sie und die Kinder umhüllte, schloss auch uns, seine Mitarbeiter, mit ein. Wir wurden gefordert, aber unsere Leistung wurde auch anerkannt.

Menschen wie Ihr Gatte sind selten geworden, lassen uns um vieles ärmer zurück in einer kälter werdenden Welt. Gedanken an ihn werden wir künftig dorthin richten, wohin er uns vorausgegangen ist.

Ich bin sehr traurig mit Ihnen.

Tod des Ehemannes

Liebe ...

Dein Mann ist seiner tückischen Krankheit nach langem Kampf erlegen. Als guter Freund ist man bei dieser Nachricht von Zwiespalt erfüllt. Kummer über den Verlust eines Mannes, mit dem man lange Jahre freundschaftlich verbunden war und Aufatmen, dass dieses langsame Sterben nun ein Ende fand, dass er erlöst wurde.

Aufatmen auch bei dem Gedanken an Dich, die diesen seinen Kampf hautnah miterlebte, ihn pflegte und alle Kraft in diese Pflege investierte.

Ja, Aufatmen auch bei dem Gedanken an Dich. Denn wenn sich der erste tiefe Schmerz legte, wenn das Leben wieder an Deine Tür klopft, dann ist es auch für Dich an der Zeit, den Tag wieder mit einem Lächeln zu beginnen.

Und dann bin ich für Dich da.

Eltern verlieren ein Kind

Oh, Du warst so voll Leben,
dass Du nicht tot sein kannst.
Wolfgang Borchert

Eltern verlieren ein Kind

Liebe Mutter, lieber Vater X,
das ist eigentlich mehr, als der liebe Gott einem an Kummer
zumuten darf. Wie ein Schlag gegen mein Herz war es, als ich
heute morgen las, dass Sie Ihre Tochter verloren haben. Ein
Leben, das 60 oder 70 Jahre dauert, sieht viele Höhepunkte
und manche Stunde, in der man nicht weiterkämpfen mag.
Aber es wurde gelebt und immer wieder mit Zuversicht dem
neuen Morgen entgegengeblickt.

Aber ein Kind verlieren, das Ende eines jungen Lebens zu
sehen, das ja auch ein Stück unserer Zukunft ist, ein Glied in
der grossen Lebenskette, das, so glaube ich, ist ein Kummer,
der nie endet.

Wie soll ich tröstende Worte finden? Ich würde so gerne
das Richtige sagen und fühle mich dennoch so hilflos. Es ist
einfach nicht richtig, dass die Kinder vor uns sterben. Sie, die
wir mit Liebe bekamen, mit Liebe grosszogen, mit Liebe ins
Erwachsenenleben begleiteten und die uns die Kraft gaben,
uns immer wieder dem Alltag zu stellen, einfach durch ihr
Da-Sein.

Ich sitze bedrückt bei meinen Kindern und wir denken an
Sie und fühlen mit Ihnen.

Tod eines Kindes

Liebe Familie ...
mit tiefem Bedauern erfuhren wir, dass das Kind, das sie so lange ersehnten, das Ihre kleine Welt erst vollkommen machte, von Ihnen genommen wurde.

Dieser tragische Tod brachte so tiefen Kummer in Ihr Leben, dass Worte des Trostes kaum zu finden sind. „Wen Gott liebt, den nimmt er früh zu sich?" Was für leere Worte, denkt man an dieses kleine Menschenkind, das sterben musste, bevor es mit dem Leben beginnen konnte.

Wir möchten Ihnen unser aufrichtiges Beileid ausdrücken.

Tod der Schwester

Meine liebe Freundin,
in meinem Poesie-Album steht ein Rilke-Gedicht, das sich
mir einprägte und das ich immer wieder lese:
"Die Blätter fallen, fallen wie von weit
als welkten in den Himmeln ferne Gärten.
Und in den Nächten fällt die schwere Erde
aus allen Sternen in die Einsamkeit.
Wir alle fallen. Diese Hand da fällt
und sieh Dir andre an, es ist in allen.
Und doch ist Einer, welcher dieses Fallen
unendlich sanft in seinen Händen hält.
Worte des Trostes kann ich gar nicht finden. Was soll ich
Dir sagen angesichts des Verlustes, der Dich betraf? Du
verlorst den Menschen, mit dem Du aufwuchsest, mit dem
Du seit nunmehr 7o Jahren Tag um Tag Freud und Leid
teiltest.
Ich hoffe nur, dass Deine Schwester nach den schweren Wochen der Krankheit "unendlich sanft" geholt wurde. Wenn
die Stunden zu einsam werden, wenn Du reden willst - ich
bin für Dich da.
Dein(e)

„Sahst Du ein Glück vorübergehn,
das nie sich wiederfindet,
ist`s gut, in einen Strom zu sehn,
wo alles wogt und schwindet.
Oh, schau nur hinab, hinein,
Du wirst es leichter missen,
was Dir und wenn`s das Liebste war
vom Herzen ward gerissen.
Nikolaus Lenau

Ein Mann verliert den Lebensgefährten

Mein lieber....

erschüttert hörte ich von Wolfs Ableben. 35 wundervolle Jahre jung und schon setzte das Schicksal einen unerbittlichen Schlusspunkt. Er lebte so gern und so ganz besonders gern mit Dir. Du weisst, dass ich ihn als 18jährigen kennenlernte. Hochbegabt, aber sehr, sehr verschlossen. Stets ängstlich darauf bedacht, niemanden seine Veranlagung erkennen zu lassen.

Und dann kamst Du und mit ihm ging eine wundersame Wandlung vor sich. Zum Talent kam das Selbstbewusstsein und mit Dir lernte er das Lachen. Wie viele fröhliche Stunden haben wir mit ihm erlebt, ich als ältere Freundin immer Teil des Kleeblatts und niemals fünftes Rad am Wagen.

Wie verlassen musst Du Dich fühlen! „Wen der Herrgott liebt, den nimmt er früh zu sich?" - wie gerne hätten wir, die ihn liebhatten, noch viel Zeit hier auf Erden mit ihm gehabt.

Ich bin sehr traurig mit Dir.

Tod durch Unfall

Ich bin nicht tot, ich tauschte nur die Räume.
Ich leb in Euch und geh durch Eure Träume.
Michelangelo

Tod durch Unfall

Liebe Familie...
tief betroffen hörte ich, welcher Schicksalsschlag Sie traf: Ihr
Sohn fiel einem tödlichen Verkehrsunfall zum Opfer. Wie
niederschmetternd muss diese Nachricht für Sie gewesen sein.
Ein blühendes Leben ausgelöscht, das Sie 18 wundervolle
Jahre fürsorglich begleiteten. Alle Wünsche an die Zukunft
zerstört, allen Hoffnungen ein grausames Ende gesetzt.

Nehmen Sie bitte mein tiefempfundenes Beileid entgegen.
Ich vermag es nicht, zu trösten. Ein solcher Schmerz sitzt zu
tief, als dass Worte und seien sie noch so gut gemeint, ihn
lindern könnten.

Es tut mir so unendlich leid.

Tod durch Unfall

Meine liebe....

18 Jahre jung und schon soviel Kummer erleben - wie traurig mich das macht. Dein Freund, Deine grosse Liebe, ist tödlich verunglückt. Eine dieser Spritztouren, die er so liebte, die ihm das Gefühl der Freiheit gaben, setzte seinem Leben ein Ende. Wie er es genoss, auf seiner Maschine durch die Landschaft zu brausen, sich den Wind um die Ohren wehen zu lassen. Und dann dieses plötzlich Unwetter, die überflutete Fahrbahn, der Chausseebaum.

Ich weiss wenig Tröstendes zu sagen. Ihr wart ein so zauberhaftes Paar in Eurer jungen Verliebtheit. Ich hoffe nur, die Zeit legt eines Tages ihre heilende Hand auf Deinen Schmerz, so dass Dir nur zärtliches Erinnern an einen wunderbaren jungen Mann bleibt.

Ich wollte, ich könnte Dir besser helfen, als nur mit diesen Zeilen.

Tod durch Unfall

Meine liebe...

tieferschüttert hörte ich von dem tragischen Unfall, dem Dein Mann zum Opfer fiel. Wie grausam hat das Schicksal in Dein Leben eingegriffen! Du und er, das war in unserem nahen Freundeskreis ein so fester Bestandteil, dass der Gedanke an die schmerzliche Lücke, die sein Tod hinterlässt, nur schwer in das Bewusstsein eindringen will.

Ich möchte Dir sagen, dass Du bei allen jetzt auftauchenden Problemen auf uns zählen kannst. Und dass Du Dich auch dann nicht alleingelassen fühlen musst, wenn Du nach dem ersten lähmenden Schmerz wieder Anschluss an das Leben suchst, Gesellschaft wünschst. Wozu wären Freunde sonst gut?

Wir denken liebevoll an Dich.

Todesfälle im
Freundes- und Bekanntenkreis

„Und meine Seele spannte weit ihre Flügel aus
flog durch die stillen Lande,
als flöge sie nach Haus.
Joseph von Eichendorff

Tod eines Kollegen

Liebe Frau.....
der Tod Ihres Gatten hat uns, den Kreis von Menschen, der seit vielen Jahren in ihm einen loyalen Kollegen hatte, sehr traurig gemacht. Der Erfolg eines Unternehmens hängt nicht zuletzt auch vom reibungslosen Zusammenspiel des Mitarbeiterteams ab.

Ihr Gatte hat sich als zuverlässiger, hilfsbereiter Kollege erwiesen, der ernsthaft zu arbeiten verstand, sein Arbeitsgebiet voll im Griff hatte und dennoch mit seinem Humor die Stimmung auflockerte und viel zum guten Betriebsklima beitrug.

Nehmen Sie bitte unser aufrichtiges Mitgefühl entgegen. Wir haben einen beliebten Kollegen verloren, der in unserer Mitte fehlen wird.

Tod eines Geschäftspartners

Sehr geehrte Frau...
bestürzt vernahmen wir die Nachricht vom tödlichen Unfall Ihres Gatten. Schwer vorstellbar, dass dieser dynamische Mann nicht mehr unter uns weilt.

Als Geschäftspartner, die ihm und seiner Firma jahrelang verbunden waren, schätzten wir an Ihrem Gatten einen Mann, der zuverlässig zu seinem Wort stand. Rückhaltlos bewunderten wir den Ideenreichtum, den er beim Aufbau seines Unternehmens bewies. Ihnen und Ihren Kindern muss dieser plötzliche Tod das Gefühl geben, einen unersetzlichen Verlust erlitten zu haben.

Nehmen Sie bitte unser tiefes Mitgefühl entgegen.

Tod eines Nachbarn

Liebe Nachbarn,
in Ihr bislang so fröhliches Haus ist Kummer eingekehrt.
Mit dem jähen Tod Ihres Gatten, des Vaters Ihrer Kinder,
hat das Schicksal grausam in Ihre kleine Familie eingegriffen.
Wie verlassen müssen Sie sich fühlen ohne diesen liebevollen,
fürsorglichen Mann, dem seine Familie über alles ging.

Als Nachbarn hatten wir das grosse Glück, in friedvollem
Nebeneinander leben zu dürfen. Der freundliche Gruss von
hüben nach drüben, der gemütliche Plausch am Zaun, die
guten Ratschläge eines begeisterten und erfolgreichen Gar-
tenliebhabers und seine stete Hilfsbereitschaft waren Quelle
ungetrübter Freude. Umso trauriger sind wir mit Ihnen und
stehen wie Sie fassungslos vor der Plötzlichkeit seines Todes,
wirkte er doch so gesund und widerstandsfähig, sportlich,
wie er war.

Wann immer wir Ihnen helfend zur Seite stehen können
- wir sind für Sie da.

Ihre mitfühlenden Nachbarn.

„Bitt Wand`rer für den Andern,
der mit Dir könnte wandern
wär er auf seine Bitten
nicht mit dem Tod geritten"
Rudolf von Binding

Tod durch Selbstmord

Meine liebe...

wenn ein so starker Mann wie Dein Mann sich entschliesst, aus dem Leben zu scheiden, dann bleibt uns Zurückbleibenden nichts anderes, als diese Entscheidung traurig zur Kenntnis zu nehmen. Ihr lebtet nicht mehr zusammen und doch weiss ich, dass Du nicht aufhörtest, ihn zu lieben. Dass er diesen folgenschweren Entschluss in der Einsamkeit seines kleinen Wochenendhauses fasste, spricht dafür, dass er in voller Überlegung handelte. Es sollte dort geschehen, wo er so gerne alleine war, wo er seine Batterien wieder auflud, um der dynamische Mann sein zu können, den wir alle so schätzten. Dort, wo er mit sich selbst und seinem Herrgott im Reinen war.

Ich denke einfach, er war des Kämpfens müde. Er wusste Dich und die Kinder gut versorgt, er hatte auch künstlerisch keine Ziele mehr, er hatte ein wunderbares, blutvolles Leben geführt - und dann sagte er: " Das war`s".

Die Zeit mit diesem Mann war für Dich mit Sicherheit ausgefüllter und reicher, als sie manch andere Frau erlebte. Dieser Individualist ist immer seinen eigenen Weg gegangen. Verstehen wir daher bei allem Bedauern auch seinen letzten Entschluss. Er wird sagen: „Ganz weit draussen, am Ende des Regenbogens, werden wir uns wiedersehen".

Glaubst Du das nicht auch?

Tod durch Selbstmord

Lieber Herr......

wie unfassbar die Nachricht, dass Ihre liebenswürdige Lebenspartnerein, mit der Sie noch in diesem Jahr in die gemeinsame Wohnung als Ehepaar einziehen wollten, ihrem Leben ein Ende setzte. Wer konnte hinter dieser sanften, heiteren Fassade den zutiefst lebensängstlichen Menschen erahnen. Wie einsam müssen Sie sich fühlen. Wie müssen Sie mit sich hadern, dass Sie die Zeichen nicht erkannten!

Und doch - Menschen, die eine solche Versagensangst erfüllt, wie es dem Abschiedsbrief zu entnehmen ist, können wahrscheinlich mit all unserer Liebe nicht gehalten werden.

Lassen Sie uns die Erinnerung an einen sensiblen, liebenswerten Menschen bewahren.

Voller Mitgefühl

Tod der „besten" Freundin

Mein lieber...

Du hast Deine Mutter verloren und ich meine beste Freundin. „Beste Freundin", „bester Freund" - das ist so unendlich viel Gemeinsames. Soviel Anvertrautes, so viele geteilte Geheimnisse, Hoffnungen und Wünsche an das Leben. So viel Vertrauen, kurz - soviel Unersetzliches, wenn man diesen Menschen verliert, wenn man sich diesem „Nie wieder" stellen muss.

Ich weiss, es trifft bis ins Mark, wenn man die Mutter verliert. Aber auch mein Kummer sitzt tief und sie fehlt mir schon jetzt. Verlier Dich nicht aus meinem Leben, schau bei mir ein, wenn Du Dich allein fühlst. Und lass uns

dann von einem Menschen reden, der uns beiden - jedem auf seine Weise - so viel bedeutet hat.

„So wie ein Blatt vom Baume fällt,
so geht ein Mensch von dieser Welt.
Die Vögel singen weiter."

Tod eines Klassenkameraden

Lieber Herr/Frau...

Ihre Anzeige, die mir den Tod von ..... mitteilte, hat mich tief berührt. Geht doch für mich mit dem Verlust, den Sie erlitten, ein Stück unbeschwerter Kindheit dahin.

Viele Jahre drückten wir gemeinsam die Schulbank. Es gab heitere Stunden, Zittern vor der Mathe-Arbeit, wir wir steckten uns Mogelzettel zu, da gab es den gemeinsamen morgendlichen Schulweg, fröhliche Schulfeste, die Schwärmerei für die Sportlehrerein, den ersten Flirt. Das alles ist ja nur ein kurzer Abriss dieser Jahre, die wir später auf Ehemaligen-Treffen mit dem „Weißt Du noch?" fröhlich Revue passieren liessen.

..... war unverzichtbarer Teil dieser Erinnerungen und sein/ihr Tod löst wehmütige Trauer aus.

Ich möchte Ihnen mein Beileid zu Ihrem Verlust ausdrücken. Ich werde .... in liebevoller Erinnerung behalten.

Letzte Worte

Letzte Worte

Wenn Du an mich denkst, erinnere Dich an die Stunde, in der Du mich am liebsten hattest.
Rainer Maria Rilke

Geliebte, wenn mein Geist geschieden, so weint mir keine Träne nach;
denn wo ich wohne, da ist Frieden
dort leuchtet mir ein ew`ger Tag.
Anette von Droste-Hülshoff

Wenn Du bei Nacht den Himmel anschaust
wird es Dir sein, als lachten alle Sterne.
Weil ich auf einem von ihnen wohne,
weil ich auf einem von ihnen lache.
Antoine de Saint-Exupéry

Das schönste Denkmal, das ein Mensch bekommen kann,
steht in den Herzen seiner Mitmenschen
Albert Schweitzer

Nicht weinen, dass es vorüber,
sondern sich freuen, dass es gewesen.
Immanuel Kant

Man trägt das vergangene Schöne
nicht wie einen Stachel sondern
wie ein kostbares Geschenk in sich.
Dietrich Bonhoeffer

Tod ist kein Untergang sondern ein Übergang
vom Erdenwanderweg hinein in die Ewigkeit.
Cyprian von Karthago

Es wird aussehen, als wäre ich tot
und das wird nicht wahr sein.
Und wenn Du Dich getröstet hast
wirst Du froh sein, mich gekannt zu haben.
Du wirst Lust haben, mit mir zu lachen
und Du wirst manchmal Dein Fenster öffnen,
gerade so zum Vergnügen
und Deine Freunde werden sehr erstaunt sein
wenn sie sehen, dass Du den Himmel anblickst und lachst.
Antoine de Saint Exupéry

Die Erinnerung ist das einzige Paradies
aus dem wir nicht vertrieben werden können.
Jean Paul

Man kann das Leben nur rückwärts verstehen, aber leben
muss man es vorwärts.
Sören Kierkegaard

Der Tod ist gross - wir sind die Seinen
lachenden Mundes.
Wenn wir uns mitten im Leben meinen
wagt er zu weinen
mitten in uns.
Rainer Maria Rilke

Oh, Du warst so voll Leben
dass Du nicht tot sein kannst
und ich weiss, dass Du lebst.
Wolfgang Borchert

Die Erde sinkt zurück
die Fesseln und die Schmerzen
ich bin am Himmel Stern geworden
und fühl` im All den Schlag
von Gottes weitem Herzen.
Wolfgang Borchert

Die Summe unseres Lebens
sind die Stunden, in denen wir lieben.
Wilhelm Busch

Was wir bergen in den Särgen
ist das Erdenkleid.
Was wir lieben ist geblieben
bleibt in Ewigkeit.
Peter Rosegger

Und doch ist Einer, welcher dieses Fallen
unendlich sanft in seinen Händen hält.
Rainer Maria Rilke

Auch der schönste Sommer will
einmal Herbst und Welke spüren
Halte, Blatt, geduldig still
wenn der Wind Dich will entführen.
Spiel Dein Spiel und wehr Dich nicht
lass es still geschehen
lass vom Winde, der Dich bricht

Dich nach Hause wehen.
Hermann Hesse

Das einzig Wichtige im Leben sind die Spuren der Liebe
die wir hinterlassen, wenn wir gehen.
Albert Schweitzer

Da ist ein Land der Lebenden
und ein Land der Toten
und die Brücke zwischen beiden
ist die Liebe.
Das einzig Bleibende, der einzige Sinn.
Thornton Wilder

Einschlafen dürfen, wenn man müde ist
eine Last fallen lassen dürfen, die man lange getragen hat
ist eine wunderbare Sache.
Hermann Hesse

Sei stillem Abschied voran
als wäre er hinter Dir.
Wie der Winter, der eben geht.
Rainer Maria Rilke

Und meine Seele spannte
weit ihre Flügel aus,
flog durch die stillen Lande
als flöge sie nach Haus.
Joseph von Eichendorff

Ich bin nicht tot
ich tauschte nur die Räume.
Ich leb` in Euch

und geh durch Eure Träume.
Michelangelo

Die Schwachen kämpfen nicht.
Die Stärkeren kämpfen vielleicht eine Stunde
die noch stärker sind, kämpfen viele Jahre, aber die Stärksten
kämpfen ein Leben lang.
Diese sind unentbehrlich.
Bertold Brecht

Drachensteigen, Spiel vor grosse Ebenen
ohne Baum und Wasser.
Im offenen Himmel steigt auf
der Stern aus Papier,
unhaltbar ans Licht gerissen,
höher, aus allen Augen und weiter, weiter.
Uns bleibt der Rest des Fadens
und dass wir Dich kannten.
Sarah Kirsch

Nähme ich Flügel der Morgenröte
und bliebe am äußersten Meer,
so würde auch dort Deine Hand
mich führen und Deine Rechte mich halten.
Ps.139,Vers 9 und 10

Unsere Toten gehören zu den Unsichtbaren
aber nicht zu den Abwesenden
Papst Johannes XXIII

Herr , Dir in die Hände
sei Anfang und Ende,
sei alles gelegt.

Auferstehen ist unser Glaube
Wiedersehen unsere Hoffnung
Gedenken unsere Liebe.

Es hat alles seine Zeit
und alles Tun unter dem Himmel
hat seine Stunde.
Geboren werden hat seine Zeit
Sterben hat seine Zeit.
Prediger 3, 1 und 2

Und wenn dies heisse Herz
in tausend Stücke bersten tät
so würde jedes dieser tausend Stücke
lieben Dich, wie tausend unversehrte Herzen.

Für die Welt warst Du nur ein Mensch
doch für einen Menschen warst Du die ganze Welt.

So, wie ein Blatt vom Baume fällt, so geht ein Mensch
von dieser Welt.
Die Vögel singen weiter.

Ganz weit draussen, am Ende des Regenbogens
werden wir uns wiedersehen.

In unserer kleinen Welt
wird künftig ein grosses Herz fehlen.

Die Nacht ist weit,
am Himmel fährt der Wagen auf.
Es muss, wo keine Grenze wehrt,
ein gutes Reisen sein.

Ich bin von Euch gegangen.
Nur für einen Augenblick, gar nicht weit.
Und wenn Ihr dorthin kommt,
wo ich schon hingegangen bin,
werdet Ihr Euch fragen, warum Ihr geweint habt.

Fährmann, hol über, hol über,
fahre die Fähre „Zeit"
über das Leben hinüber
in die Unendlichkeit.

Erdenfern - doch seelennah.

Wir gingen in Wind und Sonnenschein,
wir gingen in Sturm und Regen
doch niemals ging einer von uns allein,
stets ging der Geliebte daneben.

Vita mutantur non tollitur.
(Das Leben wird gewandelt, nicht genommen.)

Und wär`s in die Wahl mir gegeben,
ich führt`noch einmal dasselbe Leben.
Und sollt ich noch einmal die Tage beginnen
ich würde denselben Faden spinnen.
Theodor Fontane

Ich höre auf, zu leben.
Aber ich habe gelebt.
Johann Wolfgang von Goethe

Einen Menschen lieben heißt
ihn so sehen, wie Gott ihn gemacht hat.
Dostojewski

Wie leise die Sommernacht,
wie weich des Windes Weh`n
wenn über Deiner Segelyacht
in unverhüllter Bilderpracht
die Himmelsleuchten steh`n
gleich einem Finger weist der Mast
wohin die Seelen ziehn
wohin sie, wenn ihr Sein verblasst
befreit von körperlicher Last
dem Irdischen entflieh`n.
Hans Domizlaff

Niemand kennt den Tod
und niemand weiss,
ob er nicht für den Menschen
das allergrösste Glück ist.
Sokrates

Ich glaube, dass, wenn der Tod unsere Augen schliesst
wir in einem Lichte stehen,
von welchem unser Sonnenlicht
nur der Schatten ist.
Arthur Schopenhauer

Vom Baum fiel ab ein welkes Blatt
was Jahr um Jahr gegrünet hat.
Es welkte, weil die Kraft zu Ende
Vom Wind verweht, nahm Gott es in die Hände

When I´m dead, my dearest
sing no sad songs for me.
Plant thou no roses at my head
nor shady Cypress-tree.
Be the green grass above me
with showers and dew drop wet
And if you will - remember
and if you will - forget.

Nur wissen möchte ich,
wenn wir sterben
wohin unsere Seele geht.
Wo ist das Feuer, das erloschen?

Die Zeit heilt nicht alles,
aber sie rückt vielleicht
das Unheilbare aus dem Mittelpunkt.
Ludwig Marcuse

Mütter halten die Hände ihrer Kinder
für eine Weile.
Ihre Herzen jedoch für immer.

Den Schlüssel zu meiner Tür
gebe ich zurück.
Ich brauche nichts mehr aus meinem Haus.
Nur Eure letzten lieben Worte

Ich bin doch nicht von Euch gegangen
ich ging Euch nur voraus.

„Hier steh`ich nun
und schaue bang zurück
Vorüber geht auch dieser Augenblick
und wieviel Stunden Dir und mir gegeben
wir werden keine mehr zusammenleben."
Theodor Storm

Nachwort

Menschen, die von Trauer umfangen am Grab derer stehen, die sie von Herzen geliebt haben, sind mit unseren Worten nur schwer zu erreichen. Aber versuchen sollten wir, mit unserem im Beileidsbrief ausgedrückten Mitgefühl ein kleines Zeichen zu setzen.

Ein Zeichen nicht zuletzt auch dafür, dass am Horizont wieder eine Zeit für das Leben „danach" anbricht. Dann, wenn sich der erste herzzerreissende Schmerz gelegt hat, die Zeit ihn linderte.

Dann muss der Trauernde wissen, dass auch auf ihn das Leben wartet - und dass er nicht allein ist. Denn alle Beileidsbekundungen bleiben nur leere Worthülsen, wenn dahinter nicht der gute Wille steht, auch dazusein, zuzuhören, wenn der Trauernde sein Herz ausschütten möchte. Wenn er wieder Anschluss sucht an das Leben und an Freunde und Bekannte

Die Briefvorschläge können nicht jeden nur möglichen Trauerfall ansprechen. Aber sie möchten Hilfestellung sein, um die richtigen Worte des Trostes zu finden, wenn angesichts trauriger Geschehnisse Empfindungen nur schwer in Worte zu fassen sind.

Die Autorin